JOHANN HEINRICH DÖLL VERLAG

ERNSTING
UND
GUTMANN

Bremen, gediegen...

oder kuck Dir bloß mal Bremen an

Bremen gediegen . . .
das kommt von gedeihen

Wenn ein Bremer, der sich seiner feinen Lebensart bewußt ist und auch danach handelt, in einem Zustande höchsten Befremdens seine Fassung verliert, dann pflegt er mit hochgezogenen Augenbrauen und etwas zusammengekniffenen Lippen zu sagen: „Das ischa gediegen, is das dscha!"
Und wer – einer wie auch immer gearteten Tat wegen – mit diesem Urteilsspruch belastet ist – er ist vernichtet.
Denn in den besseren Kreisen der Stadt, in denen man sich einer drastischen Ausdrucksweise nicht einmal in Gedanken bedient, entwickelte sich das an sich positives aussagende Wort gediegen schon im vorigen Jahrhundert in beißende Ironie. Gediegen – das war, sagen wir, zumindest sonderbar.
Es ist aber in unserer Stadt auch – und das ist eine Frage der Betonung und des Gesichtsausdrucks – die positive Bedeutung des Wortes erhalten geblieben.
Gediegen – das ist das Reelle, Solide, Vertrauenswürdige, Ehrliche, Ehrbare und Lautere, das Redliche und Anständige.
Gediegen, das ist ursprünglich und originell, das ist fest und tüchtig.
Und in seiner ursprünglichen Form heißt es nichts anderes als – gedeihen. Und daß Bremen gedeihe, da kann dscha wohl keinein was gegen haben.
So liegt denn in dem Wort, wenn man's nur recht zu gebrauchen weiß, das ganze Leben und Wesen dieser Stadt Bremen – vom Soliden zum Originellen, vom Tüchtigen zum Redlichen. Und auch das Sonderbare woll'n wir nicht vergessen, das Komische, das Witzige, wobei es zu den hansischen Tugenden gehört, daß der Bremer – über sich selbst am herzlichsten lachen kann.
Bremen, gediegen . . .

So sangen die Kinder in Bremen:
„Roland mit dat kruse Haar,
Wat he kickt so sunnerbar!
Roland mit den Wapenrock
Steiht so stief as wie een Stock.
Roland mit dat spitze Knee,
Segg mal, deit di dat nich weh?"

Und alte Bremer, die das Schicksal für kürzere oder längere Zeit aus ihrer Heimatstadt fortführt, gehen vor der Abreise zum Roland und nehmen Abschied von ihm, um – damit eine Wiederkehr zu gewährleisten.

Roland, der Ries', wie Friedrich Rückert (1788-1866) ihn in einem patriotischen Gedicht nannte, steht vor dem Rathaus seit 1404. Er ist der Nachfolger eines von den Knechten des Bischofs 1366 verbrannten hölzernen Rolands, und er gilt als Symbol der Gerichtsbarkeit und der Marktgerechtigkeit. Zugleich ist er Schutzpatron der Stadt Bremen.

Es heißt, wenn es den Roland nicht mehr gebe, verliere Bremen seine Freiheit. Für alle Fälle soll der Senat der Stadt irgendwo im Ratskeller einen Ersatzroland stehen haben. Es hat ihn aber noch niemand gesehen.

Rolands Geburtstag feiern die Bremer am 5. November. Er ist – astrologisch betrachtet – ein Skorpion, gutmütig und bärenstark. Dabei ist aber der 5. November nur der Tag seiner Wiedergeburt. Am 5. November 1813 befreite der russische General Tettenborn Bremen von der Herrschaft der Franzosen. Bremen erhielt seine Unabhängigkeit zurück, und der Roland entging ein für allemal dem ihm von den Franzosen zugedachten Schicksal, für die Pflasterung der Schwachhauser Heerstraße verwendet zu werden.

Der Roland ist ein Skorpion

MoPS

Ratskellerweine – Orden und auch eine Medizin

Die größte Versammlung deutscher Weine befindet sich im altehrwürdigen Ratskeller zu Bremen, mit dessen Ruhm es kein anderer Keller in der Welt aufnehmen kann.

600 Weine aus allen elf deutschen Weinbaugebieten lagern dort. Ausländische Weine gibt es nicht. Und Bier ist verpönt. Als einmal der Versuch gemacht wurde, im Ratskeller einen Bierausschank einzurichten, mischte sich in den allgemeinen Protest der Bremer auch die Stimme eines angesehenen Bierbrauers. Er erklärte: „Ich verkaufe mein Bier gern. Aber im Ratskeller will ich Wein trinken."

Der Ratskeller ist so alt wie das Rathaus. Aber ein Weinhaus hat es schon vorher gegeben. Schräg gegenüber, wo heute das Deutsche Haus steht. Dort befanden sich außerdem das Gefängnis und – wie bis zum heutigen Tag – die Rathsapotheke.

Ratskellerweine haben in Bremen übrigens eine besondere Bedeutung. Da die alte Stadt keine Orden verleiht, Bremer Senatoren nehmen auch keine Orden an, hat sich die Sitte ausgebildet, daß man verdienten Bürgern und Fremden, die man ehren will, eine Weinspende zukommen läßt.

Seit dem 17. Jahrhundert bekam der Kaiser in jedem Jahr den ersten in der Weser gefangenen Lachs und dazu den passenden Wein aus dem Ratskeller. Mit einer Weinspende und dem zweiten gefangenen Lachs wurde der König von England geehrt, und auch der König von Preußen wurde nicht vergessen. Friedrich der Große jedenfalls hat die Gabe aus Bremen mit Vergnügen entgegengenommen.

Einer der auf diese lukullische Weise Geehrten war auch Johann Wolfgang Goethe, der – nach überstandener Krankheit – zum 74. Geburtstag eine Weinspende aus Bremen erhielt, bestehend aus alten Weinen, die in dem Ruf standen, nicht nur schmackhaft, sondern auch von großer Heilkraft zu sein. Bremer Ärzte pflegten alte Ratskellerweine zu verschreiben.

Die Bremer Stadtmusikanten, ein Märchen

Es hatte ein Mann einen Esel, der schon lange Jahre die Säcke unverdrossen zur Mühle getragen hatte, dessen Kräfte aber nun zu Ende gingen, so daß er zur Arbeit immer untauglicher ward. Da dachte der Herr daran, ihn aus dem Futter zu schaffen. Aber der Esel merkte, daß kein guter Wind wehte. Er lief fort und machte sich auf den Weg nach Bremen: dort, meinte er, könnte er ja Stadtmusikant werden.
Als er ein Weilchen fortgegangen war, fand er einen Jagdhund auf dem Wege liegen, der jappte wie einer, der sich müde gelaufen hat.
»Nun, was jappst du so, Packan?« fragte der Esel.
»Ach«, sagte der Hund, »weil ich alt bin und jeden Tag schwächer werde, auf der Jagd nicht mehr fort kann, hat mich mein Herr wollen totschlagen, da hab' ich Reißaus genommen; aber womit soll ich nun mein Brot verdienen?«
»Weißt du was?« sprach der Esel, »ich gehe nach Bremen und werde dort Stadtmusikant, geh mit und laß dich auch bei der Musik annehmen. Ich spiele die Laute, und du schlägst die Pauken.«
Der Hund war's zufrieden, und sie gingen weiter.
Es dauerte nicht lange, so saß da eine Katze an dem Weg und machte ein Gesicht wie drei Tage Regenwetter.
»Nun, was ist dir in die Quere gekommen, alter Bartputzer?« sprach der Esel.
»Wer kann da lustig sein, wenn's einem an den Kragen geht«, antwortete die Katze, »weil ich nun zu Jahren komme, meine Zähne stumpf werden, und ich lieber hinter dem Ofen sitze und spinne, als nach Mäusen herumjage, hat mich meine Frau ersäufen wollen; ich habe mich zwar noch fortgemacht, aber nun ist guter Rat teuer: wo soll ich hin?«
»Geh mit uns nach Bremen, du verstehst dich doch auf die Nachtmusik, da kannst du ein Stadtmusikant werden.«
Die Katze hielt das für gut und ging mit.
Darauf kamen die drei Landesflüchtigen an einem Hof vorbei; da saß auf dem Tor der Haushahn und schrie aus Leibeskräften.
»Du schreist einem durch Mark und Bein«, sprach der Esel, »was hast du vor?«
»Da hab' ich gut Wetter prophezeit«, sprach der Hahn, »weil unserer lieben Frauen Tag ist, wo sie dem Christkindlein die Hemdchen gewaschen hat und sie trocknen will; aber weil morgen zum Sonntag Gäste kommen, so hat die Hausfrau doch kein Erbarmen und hat der Köchin gesagt, sie wollte mich morgen in der Suppe essen, und da soll ich mir heute abend den Kopf abschneiden lassen. Nun schreie ich aus vollem Hals, solang ich noch kann.«
»Ei was, du Rotkopf«, sagte der Esel, »zieh lieber mit uns fort, wir gehen nach Bremen, etwas Besseres als den Tod findest du überall; du hast eine gute Stimme, und wenn wir zusammen musizieren, so muß es eine Art haben.«
Der Hahn ließ sich den Vorschlag gefallen, und sie gingen alle viere zusammen fort.
Sie konnten aber die Stadt Bremen in einem Tag nicht erreichen und kamen abends in einen Wald, wo sie übernachten wollten.
Der Esel und der Hund legten sich unter einen großen Baum, die Katze und der Hahn machten sich in die Äste, der Hahn aber flog bis in die Spitze, wo es am sichersten für ihn war. Ehe er einschlief, sah er sich noch einmal nach allen vier Winden um; da deuchte ihn, er sähe in der Ferne ein Fünkchen brennen, und rief seinen Gesellen zu, es müßte nicht gar weit ein Haus sein; denn

es scheine ein Licht. Sprach der Esel: »So müssen wir uns aufmachen und noch hingehen; denn hier ist die Herberge schlecht.« Der Hund meinte, ein paar Knochen und etwas Fleisch dran täten ihm auch gut.
Also machten sie sich auf den Weg nach der Gegend, wo das Licht war, und sahen es bald heller schimmern, und es ward immer größer, bis sie vor ein hell erleuchtetes Räuberhaus kamen.
Der Esel als der größte, näherte sich dem Fenster und schaute hinein.
»Was siehst du, Grauschimmel?« fragte der Hahn.
»Was ich sehe?« antwortete der Esel, »einen gedeckten Tisch mit schönem Essen und Trinken, und Räuber sitzen daran und lassen's sich wohl sein.«
»Das wär was für uns«, sprach der Hahn.
»Ja, ja, ach, wären wir da!« sagte der Esel.
Da ratschlagten die Tiere, wie sie es anfangen müßten, um die Räuber hinauszujagen, und fanden endlich ein Mittel.
Der Esel mußte sich mit den Vorderfüßen auf das Fenster stellen, der Hund auf des Esels Rücken springen, die Katze auf den Hund klettern, und endlich flog der Hahn hinauf und setzte sich der Katze auf den Kopf. Wie das geschehen war, fingen sie auf ein Zeichen insgesamt an, ihre Musik zu machen: Der Esel schrie, der Hund bellte, die Katze miaute, und der Hahn krähte.
Dann stürzten sie durch das Fenster in die Stube hinein, daß die Scheiben klirrten.
Die Räuber fuhren bei dem entsetzlichen Geschrei in die Höhe, meinten nicht anders, als ein Gespenst käme herein, und flohen in größter Furcht in den Wald hinaus.
Nun setzten sich die vier Gesellen an den Tisch, nahmen mit dem vorlieb, was übrig geblieben war, und aßen, als wenn sie vier Wochen hungern sollten.
Wie die vier Spielleute fertig waren, löschten sie das Licht aus und suchten sich eine Schlafstätte, jeder nach seiner Natur und Bequemlichkeit. Der Esel legte sich auf den Mist, der Hund hinter die Türe, die Katze auf den Herd bei der warmen Asche, und der Hahn setzte sich auf den Hahnenbalken; und weil sie müde waren von ihrem langen Weg, schliefen sie auch bald ein.
Als Mitternacht vorbei war, und die Räuber von weitem sahen, daß kein Licht mehr im Haus brannte, auch alles ruhig schien, sprach der Hauptmann: »Wir hätten uns doch nicht sollen ins Bockshorn jagen lassen«, und hieß einen hingehen und das Haus untersuchen.
Der Abgeschickte fand alles still, ging in die Küche, ein Licht anzuzünden, und weil er die glühenden, feurigen Augen der Katze für lebendige Kohlen ansah, hielt er ein Schwefelhölzchen daran, daß es Feuer fangen sollte. Aber die Katze verstand keinen Spaß, sprang ihm ins Gesicht, spie und kratze.
Da erschrak er gewaltig, lief und wollte zur Hintertüre hinaus, aber der Hund, der da lag, sprang auf und biß ihn ins Bein: und als er über den Hof an dem Mist vorbeirannte, gab ihm der Esel noch einen tüchtigen Schlag mit dem Hinterfuß; der Hahn aber, der vom Lärmen aus dem Schlaf geweckt und munter geworden war, rief vom Balken herab: »Kikeriki!«
Da lief der Räuber, was er konnte, zu seinem Hauptmann zurück und sprach: »Ach, in dem Haus sitzt eine greuliche Hexe, die hat mich angehaucht und mit ihren langen Fingern mir das Gesicht zerkratzt; und vor der Türe steht ein Mann mit einem Messer, der hat mich ins Bein gestochen; und auf dem Hof liegt ein schwarzes Ungetüm, das hat mit einer Holzkeule auf mich losgeschlagen; und oben auf dem Dache, das sitzt der Richter, der rief: ›Bringt mir den Schelm her!‹ Da machte ich, daß ich fortkam.«
Von nun an getrauten sich die Räuber nicht weiter in das Haus, den vier Bremer Stadtmusikanten gefiel's aber so wohl darin, daß sie nicht wieder heraus wollten.

Aber der Esel merkte, daß kein guter Wind wehte, lief fort und machte sich auf den Weg nach Bremen; dort, meinte er, könnte er ja Stadtmusikant werden.
Wir wissen, wie es weiter geht in dem Märchen, das uns die Brüder Grimm erzählen. Am Ende befinden sich Esel, Hund, Katze und Hahn auf dem Wege nach Bremen, aber – sie werden die Stadt nie erreichen; denn unterwegs bleiben sie in einem Räuberhaus hängen, deren Bewohner sie vertrieben haben. Und dort finden sie alle Herrlichkeiten dieser Welt.
Es war für sie sicherlich auch besser so; denn in Bremen gab es schon im Mittelalter Stadtmusikanten, die auch Ratstrompeter genannt wurden und privilegiert waren, bei offiziellen Festen und auch bei Hochzeiten aufzuspielen. Musikanten, die von auswärts in die Stadt kamen, kriegten durchweg Ärger, und sicherlich wären auch die vier Haustiere nicht mit offenen Armen aufgenommen worden.
Heute allerdings gelten sie als eines der Wahrzeichen der Stadt. Das Bild der Bremer Stadtmusikanten beherrscht die Souvenirläden. Sehr

Die Bremer Stadtmusikanten gelten als eines der Wahrzeichen der Stadt

originell ist die Stadtmusikantengruppe im Handwerkerhof der Böttcherstraße. Die vier Tiere ziehen dort auf einer Brunnenröhre, die ein Symbol für die Weser sein soll, auf das Rathaus zu.

Die bekannteste Stadtmusikanten-Plastik allerdings ist das von Gerhard Marcks im Jahre 1953 geschaffene Standbild an der zur Liebfrauenkirche gewandten westlichen Seitenfront des Rathauses.

Stolz der Bürgerschaft

Friedrich Engels, der ja in Bremen „auf'n Kontor" gearbeitet hat, erzählt in einem seiner Briefe von einem Bremer, einem „alten Kerl", der jeden Morgen besoffen sei und dann vor seine Tür trete und laut schreie: „Ick bin Borger!" Das heißt, so erläutert Engels: „Ich danke Dir, Gott, daß ich nicht bin wie jene, Hannoveraner, Oldenburger oder gar Franzosen, sondern Bremer Borger, tagen baren Bremer Kind!"
So ganz richtig hat Friedrich Engels das wohl nicht gesehen. Warum sollte sich der „alte Kerl" mit den Hannoveranern, Oldenburgern oder Franzosen vergleichen? Ein Bremer Bürger ist – nun, sagen wir's in aller Bescheidenheit – unvergleichlich.
Der Stolz der Bremer Bürger findet heute seinen Ausdruck im Haus der Bürgerschaft am Markt. Es wurde im Jahre 1966 eingeweiht und ist Stadt- und Landesparlament gleichermaßen. Seine Architektur ist allerdings umstritten. „Das paßt da dscha gaa nich hin", pflegen die Bremer mit kunstsachverständigem Blick zu sagen, um aber in Gegenwart von Fremden sofort in Verteidigungsstellung zu gehen: „Wie hätten se das denn bauen sollen? Renaissance? Ha'm wir dscha am Rathaus genuch von."

„Buten un binnen / Wagen un winnen" – dieser Spruch steht über dem Portal, das in den Schütting hineinführt.
Schütting? Ach ja, das sollte man wohl erklären. Das Wort kommt von „Schossen", was wiederum das Aufbringen von Steuern bedeutet. Und der Schütting war und ist der Sitz der Bremer Kaufleute – die Handelskammer.
Ursprünglich befand sich der Schütting in der Langenstraße. Doch nachdem sich die Bürger der Stadt ein Rathaus am Markt gebaut hatten, wollten auch die Kaufleute nicht zurückstehen. Der heutige Schütting entstand in den Jahren 1537/38. Das Portal wurde in den Jahren 1896/98 geschaffen, und der eingangs zitierte Spruch ist von Otto Gildemeister, der als Schriftsteller und Bürgermeister gleichermaßen in Bremen zu hohem Ansehen kam. Der von ihm geschaffene Spruch wurde zum Wahlspruch der Bremer, die sich damit allerdings in einen kleinen Gegensatz zu sich selbst rückten; denn am Herdentor mahnte seit 1562 eine Inschrift: „Bremen, wes ghedechtich, Late neict mer in, Du beist ohrer mechtig." Bremen, sei bedächtig! Laß nicht mehr hinein, als du bist ihrer mächtig.
Schon in den zwanziger Jahren des 20. Jahrhunderts rief der Schriftsteller Wilhelm Breve aus: „Bremen, du Weserstadt! Wes bloß nich gedächtig! Lat in wat du kannst, dann warst du mechtig." Im Grunde stand dahinter die Aufforderung, die wir am Schütting lesen können: nämlich zu wagen und – zu gewinnen.

Wagen und – bedächtig sein

Dom – Dickkopp

Dom – Dicktoorn", sangen die Kinder, „Schaars – Spitztoorn, Martini – wo de Wind dörweiht, Leeben Frooen – de so scheebe steiht, und Steffens ist die Ehrbarkeit".

In einem anderen und möglicherweise älteren Spruch heißt es: „Dom – Dickkopp, Leven Froen – Spitzkopp." Und das war von hintersinniger Bedeutung.

Der Dom mit seinem stumpfen Dach, Dicktoorn oder Dickkopp, symbolisierte die dickköpfigen Lutheraner, während die Reformierten in der spitzköpfigen Liebfrauenkirche zu Hause waren. Sie wurden ihrer Spitzfindigkeit wegen kritisiert.

„Was mein Mann is", pflegte Frau Papendiek zu sagen, die aus einer guten reformierten Familie stammte, und die ein tückisches Schicksal in eine Mischehe mit einem Lutherischen getrieben hatte, „was mein Mann is, durch und durch lutherisch – was sein' Dickkopp anbelangt. Aber die Bibel, die – kann er nich."

Der Dom ist dem heiligen Petrus geweiht, und auf diese Weise ist auch der Schlüssel ins Bremer Wappen hineingeraten, herabgesunken aus dem Geistlichen ins Weltliche.

Denn die Bremer haben angesichts des Schlüssels längst keine frommen Gedanken mehr. Er ist für sie der Schlüssel zur Welt, und er erinnert sie daran, daß sie Geld verdienen müssen.

Wo der Dom steht, auf der Bremer Düne, ließ übrigens im Jahre 787 der Bischof Willehad einen ersten hölzernen Kirchenbau errichten. An dem heutigen Dom hat fast ein Jahrtausend gebaut. Ende des vorigen Jahrhunderts erhielt er seine beiden spitzen Türme. Sie sind 98 Meter hoch.

Die kleinen Sünden straft der liebe Gott sofort, die großen Sünden später. Und zu den großen Sünden zählte – jedenfalls nach mittelalterlichem Weltverständnis –, wenn eine Frau mit dreißig noch nicht verheiratet war. Von ihr hieß es dann, sie werde nach ihrem Tode an einen höchst unbequemen Ort verbannt, wo sie, ihrer sinnlosen Lebensführung entsprechend (denn sie hatte ja nicht für Nachwuchs gesorgt), eine völlig überflüssige Arbeit verrichten müßte. Dazu gehörte das Putzen von Windfahnen auf Kirchturmspitzen. In Bremen war es der „Knopp vom Scharsturm", die Spitze von St. Ansgarii. Es war die höchste Kirche der Stadt. Sie wurde im Zweiten Weltkrieg zerstört.

In Bremen aber hat man schon sehr früh erkannt, daß Ehestandsfragen und Nachwuchsregelung nicht nur eine Angelegenheit der Frauen sind. In Bremen werden auch die Männer für bevölkerungspolitisches Versagen bestraft. Und zwar schon zu Lebzeiten. Sie müssen die Domtreppen fegen.

Und da hilft kein Zetern: Wer das dreißigste Lebensjahr vollendet hat, ohne in den heiligen Stand der Ehe getreten zu sein, der muß – feierlich in Schwarz gehüllt – den Besen schwingen, was musikalisch untermalt wird durch Drehorgelmusik, damit's auch alle mitkriegen. Und obendrein muß der „Verurteilte" den Schnaps bezahlen, der bei dieser Gelegenheit getrunken und sogar an Wildfremde ausgeschenkt wird.

Das Volksfest endet erst dann, wenn eine Jungfrau den Hagestolz mit einem Kuß von seiner Strafarbeit erlöst.

In'n Bleikeller", belehrte Frau Mohrmann aus der Kohlhökerstraße ihre Tochter Susanne, „da kannst nich reingeh'n. Da liegen die Toten so nackicht rum, man eben unten so'n büschen bedeckt." Und sie fügte hinzu, weil sie wohl in Susannes Augen einen leisen Protest zu erkennen geglaubt hatte: „Kannst mir glauben. Is dschedenfalls nix für'n anständiges Mädchen. Bloß was für Touristen."

RUHE
OSC

Die separate Lage des Schnoorviertels drückt sich am besten darin aus, daß die alten Schnoorbewohner nur in äußerst dringenden Fällen „in die Stadt" gingen, nach Bremen rein, also. Und der einzige Luxus, den sie sich auf dieser weiten Reise leisteten, war der, daß sie ihre Puschen anbehielten – oft war das allerdings auch die einzige Fußbekleidung, die sich in ihrem Besitz befand.

Die Schnoorbewohner führten ein Eigenleben – und das tun sie eigentlich heute auch noch, wenngleich ihre Beziehungen zu dem Rest von Bremen etwas enger geworden sind.

Das Schnoorviertel ist der einzige Teil der Altstadt, der den Bombenkrieg nahezu heil überstanden hat. Und er ist möglicherweise die Keimzelle Bremens überhaupt, wenngleich die ursprünglich reethgedeckten Lehmhütten längst verschwunden sind. Die Häuser im Schnoor stammen aus der Zeit des 15. bis zum 20. Jahrhundert. Die ältesten sind die Häuser Schnoor 2, 9 (von 1625), 15 (von 1512) und 37.

Und zu den Kindheitserinnerungen ganzer Generationen von Bremern gehört der Jacobus Major, der seinen Platz am Packhaus in der Wüstestätte hat.

Von Bremen aus zogen einst Pilger nach Santiago de Compostela, der zweitgrößten Wallfahrtsstätte der Christenheit nach Jerusalem. Dort, in Santiago de Compostela, hatte der heilige Jacobus seine letzte Ruhestätte gefunden. Er genießt noch heute als Schutzpatron der Pilger

Schnoor, Juxmajor und Wüstestätte

ein hohes Ansehen. Sein Erkennungszeichen ist die Muschel. Die Holzplastik in der Wüstestätte spielte in einem Abzählreim der Bremer Kinder eine Rolle, wobei aus dem Jacobus Major ein Juxmajor wurde: „Edelmann, Bedelmann, / Doktor, Pastor, / Kaiser, König, Juxmajor."
Ein kleiner Jacobus, allerdings aus Stein, steht am Neanderhaus an der Martinikirche. In dem Haus hat einst der Liederdichter Joachim Neander (Lobe den Herren. . .) gewohnt.

Eine feine Straße – und die Liebe der Bremer zum Speck

Es ist schon von tieferer Bedeutung, daß die wichtigste und feinste Einkaufsstraße der Bremer den Namen Sögestraße trägt; denn Söge ist die plattdeutsche Variante des Wortes Sau oder Schwein. Und nichts kaufen die Bremer lieber ein als, sagen wir mal, Schweinespeck.
Weil Speck nämlich in Bratkartoffeln gehört und Bauchspeck ein unverzichtbarer Bestandteil eines ordentlichen Kohl-und-Pinkel-Essens ist.
Aber die Sögestraße führt ihren Namen natürlich deswegen, weil dort früher das Vieh durchgetrieben wurde, im Frühjahr aus der Stadt auf die Bürgerweide, was stets mit einem großen Volksfest verbunden war, und im Winter zurück in die Ställe, die meistens ein Verschlag hinter dem Haus oder unter der Kellertreppe waren.
Im Jahre 1850 hat es in der Sögestraße noch den Schlachter Goosmann gegeben, der die Schweine zum Entzücken der Bremer auf der Straße zu schlachten pflegte, um sie dann außen an seinem Laden aufzuhängen.
Beim Anblick dieser kulinarischen Herrlichkeit mag den Vorübergehenden ungefähr so das Wasser im Munde zusammengelaufen sein wie uns heutigen bei der Wahrnehmung des Duftes der Bratwürste, die ja zu den beliebten Spezialitäten der Bremer gehören. Allerdings werden Bratwürste nicht zu den Mahlzeiten gegessen, sondern immer mal so zwischendurch.
Wahrzeichen der Sögestraße, die schon 1261 erwähnt wird, ist die 1974 von Peter Lehmann geschaffene Schweinegruppe. Sie ist zum Treffpunkt der Bremer und zum beliebtesten Fotomotiv der Touristen geworden.

Der Wall und seine Mühle

Die Republik Bremen brachte an ihren Grenzen große Schilder an mit dem Hinweis, daß Bremen neutral sei: Territoire neutre de la République de Brême. Und in der Tat, die französischen Soldaten, die im Jahre 1803 an die Weser kamen, respektierten diesen Hinweis, zumal die Bremer auch sonst alles taten, um die siegreichen Soldaten Napoleons nicht zu provozieren. Sie ließen alle englisch-hannoverschen Wappen und königlichen Namenszüge verschwinden und hatten sogar damit begonnen, ihre Bastionen abzutragen.

Die wehrhaften Wälle, die seit Jahrhunderten die Altstadt schützten, inzwischen aber etwas abgetakelt wirkten, hatten in der Zeit der immer leistungsfähiger werdenden Kanonen ihren Sinn verloren. Und die Bremer gehörten zu den ersten, die das erkannt hatten.

Zur Neustadtseite hin wurden Gemüsegärten angelegt. An der Altstadtseite entstand ein öffentlicher Lustgarten, den der Staatsmann und Gelehrte Christian Abraham Heineken als einen der schönsten in Deutschland bezeichnete, übertroffen höchstens von „einer einzigen Partie des berühmten Leipziger Walles."

Der Lehrer Johann Lange aber schrieb damals einen Lobgesang auf den Wall, der in Bremen trotz seines liebenswerten Inhalts wegen seiner gräsigen Reime eine zwiespältige Aufnahme fand. Die Bremer meinten, der Lehrer Lange, der an der Stephani-Schule unterrichtete, solle den ihm anvertrauten Kindern lieber das Rechnen beibringen – was Lange denn auch tat: er schrieb ein viel gelobtes Rechenbuch – allerdings auch in Reimen. Aber da störten sie nicht.

Die Wallanlagen aber wurden zum Stolz und unantastbaren Besitz der Bremer. Als vor Jahren einmal der kühne Vorschlag gemacht wurde, unter dem Wall einen Parkplatz anzulegen, hätte es beinahe eine Revolution gegeben.

Windmühlen gibt es seit 800 Jahren. Die erste Windmühle in Nordwestdeutschland stand um 1425 bei Esens im Ostfriesischen, und in Bremen befanden sich – wie Ansichten aus dem 17. Jahrhundert zeigen – viele Windmühlen innerhalb der Wallanlagen. Das hatte einen guten Grund: Die Wallanlagen waren erhöhtes Gelände, und die Windmühlenflügel bekamen dort den Wind besser zu fassen.

Heute steht nur noch eine Windmühle am Wall. Sie wurde im 19. Jahrhundert errichtet. Eine Vorgängerin hatte dort schon im 17. Jahrhundert gestanden.

Bis etwa 1950 ist in der Mühle am Wall noch Mehl gemahlen worden. Jetzt ist sie vor allem ein beliebtes Fotomotiv; denn wo in aller Welt findet man heute noch im Zentrum einer Großstadt eine Windmühle?

Sparsamkeit ist immer eine hervorragende Tugend der Bremer Kaufleute gewesen – und mitunter hatte sie erstaunliche Folgen.
So geschah es in den siebziger Jahren des 18. Jahrhunderts, daß sich in Bremen geistig interessierte Kaufleute zusammenfanden, mit dem Ziel, wissenschaftliche Werke untereinander auszuleihen. Auf diese Weise brauchte man ein Buch, das der Nachbar besaß, nicht mehr selbst zu kaufen.
Aus dieser Sitte entstand ein Kabinett von Büchern, Naturalien und physikalischen Instrumenten. Es war der Ursprung des heutigen Übersee-Museums, das zunächst aber nur „Gesellschaft Museum" hieß.
Es entwickelte sich rasch, zumal Kaufleute und Kapitäne von ihren Reisen stets das eine oder andere sinnvolle Souvenir mitbrachten,

Kaufleute und Kapitäne brachten von ihren Reisen Souvenirs mit

so daß schließlich ein buntes Bild der in Übersee gelegenen Welt entstand.
Im Jahre 1896 zog das „Städtische Museum für Natur-, Völker- und Handelskunde" – wie es inzwischen hieß – an den Bahnhofsplatz, wo es dann auch schon bald erweitert werden mußte. Im Jahre 1935 geriet es in den Sog des nationalsozialistischen Fahrwassers und erhielt den diskriminierenden Namen „Deutsches Kolonial- und Übersee-Museum".
Inzwischen heißt es Übersee-Museum, und umgestaltet worden ist es auch – nicht gerade zur Freude aller Bremer, die ein bißchen der Rumpelkammer-Atmosphäre vergangener Zeiten nachtrauern, was im übrigen sogar verständlich ist; denn Rumpelkammern haben im allgemeinen etwas Heimeliges und Geheimnisvolles.

Das heutige Überseemuseum, das sich in verdienstvoller Weise mit den Problemen der Dritten Welt beschäftigt, hat in der Tat viel von seinem alten Charme verloren.
Aber: Wat mutt, dat mutt, seggt de Bremer. Und demnächst geht er da nun aber ganz bestimmt mal wieder hin.

Ins Focke-Museum, „um'n büschen in der Geschichte spazieren zu gehen"

Korrekt muß das Focke-Museum natürlich heißen: Bremer Landesmuseum für Kunst- und Kulturgeschichte. Auf Anstand bedachte Bremer sollten das schon mit Rücksicht auf ihre amerikanischen Gäste auch so sagen; denn die Amerikaner mit ihren sprachlichen Eigenarten vermuten im Focke-Museum immer gleich das Schlimmste.
Dieses in einer Parklandschaft in Schwachhausen liegende Museum gehört zu den schönsten Heimatmuseen in der nordwestdeutschen Region, und der Bremer begibt sich

sonntags dahin, „um'n büschen in seiner Geschichte spazier'n zu gehen".
Es ist aber nicht nur ein schönes Museum, sondern auch ein reiselustiges, und eigentlich sollte es da schon gar nicht mehr sein, wo es jetzt ist, sondern ganz woanders. Und das ist immer so gewesen.
Es fing damit an, daß der Gründer des Museums, Dr. Johann Focke, seine Sammlung bei sich zu Hause hatte. Das wurde aber lästig, und nach und nach wurde das Museumsgut auf sieben Stellen in der Stadt verteilt. Es lag in der Hauptwache, im Rathaus, in den Büros der Weserkorrektion und des Wasserbaus und im Archiv, und man dachte schon daran, in der Stadtwaage in der Langenstraße ein Museum einzurichten. Aber da kam Franz Schütte und sagte, er habe dieser Tage auf der Plattform der Mühlenruine am Altenwall gestanden und die schöne Aussicht genossen. Und da wolle er nun einen Aussichtsturm bauen mit einem Wärter drin. Aber der Wärter habe natürlich mit der Bewachung der Aussicht nicht genug zu tun, und darum könnte man doch unten im Aussichtsturm ein Museum einrichten.
Und als sich Johann Focke schon darauf freute, mußte Franz Schütte sein Geld wegen anderer Verpflichtungen ausgeben. So kam das Focke-Museum in den Kreuzgang der Katharinenkirche, später in den Domanbau und schließlich ins Altenheim an der Großenstraße, wo das Museum im Zweiten Weltkrieg ausgebombt wurde. Heute befindet es sich in Schwachhausen – wie lange noch, das weiß kein Mensch, weil Pläne bestehen, es wieder in die Stadt zu verlegen. Bei älteren Bremern stößt das kaum auf Verwunderung: „Gott dscha", sagen sie, „Dschohann Focke war dscha auch'n unruhigen Geist. . ."

Wenn der Bremer „mein Garten" sagt, meint er den Bürgerpark

Als der alte Kapitän Bultmann kurz vor seiner Pensionierung stand, wurde er von einem Bekannten gefragt, was er künftig mit seiner vielen freien Zeit beginnen werde.
„Och", meinte Bultmann. „Ich? Ich hab dscha mein' Gaaten, und da geh' ich dscheden Tach hin."
„Sonderbar", meinte darauf der Bekannte. „Ich hab' ja nie davon gehört, daß Sie'n Garten haben?"
„Sacht dscha auch keiner", knutterte Kapitän Bultmann. „Wenn ich von mein' Gaaten rede, denn so mein' ich den Bürgerpark."
Dieser Dialog gibt das Verhältnis der Bremer zu ihrem Bürgerpark wieder. Er ist ihr ganz persönliches Eigentum, und das hängt damit zusammen, daß er auf der Bürgerweide angelegt wurde, die einst eine allen Bremern gehörende Weide war.
Auf dieser Weide fand im Jahre 1865 ein großes Bundesschießen statt, zu dem Gäste aus allen Teilen Deutschlands kamen.
Es passierte aber die Merkwürdigkeit, daß der Sommer im Jahre 1865 besonders heiß wurde – auch in Bremen. Und als nun die Schützen auf der Bürgerweide zu Gange waren, bemerkten sie zu ihrem Schrecken, daß es gar keine

Kräht der Bauer auf dem Mist ...
ATRWIN

Bäume gab, in deren Schatten sie ihr Bier hätten kühl stellen können.
Der Jammer war so groß, daß die Bremer beschlossen, eine solche Panne ein für allemal in den Be-

reich des Unmöglichen zu verbannen. Sie gründeten den Bürgerparkverein und beauftragten den Landschaftsgärtner Wilhelm Benque, einen Park anzulegen. Benque, der in Nordamerika mitgewirkt hatte bei der Anlage der großen Volksparks, schuf auf der Bürgerweide eine eindrucksvolle Parkanlage, in der er auch Ideen aus Amerika erstmals in Europa verwirklichte.

Das etwas zwiespältige Verhältnis vieler Bremer zur darstellenden Kunst ist vor Jahren einmal von einem bremischen Kaufmann auf sehr anschauliche Weise erläutert worden. Er wurde von einem Geschäftsfreund aus Hannover gefragt, warum denn das bremische Theater immer so'n bißchen ein Stiefkind der Bremer sei, während sie sich mit ihrer Kunsthalle so hätten.

Der Kaufmann, er hatte seinen Geschäftsfreund zu einem Frühstück in die Meierei eingeladen, guckte erst einen Augenblick in sein Glas Champagner, ehe er antwortete: „Das ist ja ganz einfach, lieber Herr. Sehen Sie, einen Schauspieler kann man nicht an die Wand hängen."

Die Liebe zur bildenden Kunst liegt – alle calvinistischen Bedenken überwindend – tief im Wesen des Bremers verankert; denn Bilder dienen im allgemeinen dazu, die häuslichen vier Wände zu schmükken. Und nichts liebt der Bremer mehr als sein Zuhause.

Es ist vielleicht in diesem Zusammenhang angebracht, auf das alte hansische Wort hinzuweisen, nach dem die Hamburger über ihre Verhältnisse essen, die Lübecker über ihre Verhältnisse trinken und die Bremer über ihre Verhältnisse wohnen.

Und eben davon hat in Bremen auch die bildende Kunst profitiert. Die Kunsthalle wurde bereits im Jahre 1849 eröffnet.

Bildende Kunst und die Häuslichkeit

Apachentanz
Charles-Andy Smiatek
1. Versuch
SONNENFAKTOR 6
HAKLE 2000

Nach'n Ostertor

Also, nach'n Ostertor, da wollt' keiner so gern hin. Denn Ostertor – das war gleichbedeutend mit Kittchen, weil nämlich am Ostertor der Zwinger stand. Als der Zwinger im Jahre 1862 abgerissen wurde, nahm man die Steine für den Bau des Detentionshauses an der Nordseite des Tores. Es war für leichtere Verfehlungen vorgesehen, und die Kinder in Bremen sangen: „Make mir keene / Wippken vor, Wippken vor! / Sonst kummst du na'n / Osterdoor, Osterdoor."
Das Detentions-Haus wird ja heute noch von der Polizei genutzt, während das südliche Wachgebäude die Heimstätte der Gerhard-Marcks-Stiftung geworden ist.
Aber inzwischen hat der Name des Ostertorviertels auch keinen polizeilichen Beigeschmack mehr. Es ist – im Gegenteil – eines der beliebtesten Wohnquartiere in Bremen geworden, aber auch eines der buntesten. Im Ostertor ist Platz für alle.

Wenn man den Ostertorsteinweg immer weiter geht, erreicht man das Steintorviertel. Es ist ebenso bunt wie das benachbarte Ostertorviertel. Und in gewisser Hinsicht wohl auch interessanter, wenn das hier mal so ganz beiläufig und – im Hinblick auf eine gewisse Straße – mit verstecktem Augenzwinkern gesagt werden darf.
Aber warum das Viertel Steintor heißt – diese Frage hat schon manch einen Bremer in Verlegenheit gebracht, weil... was sollte da wohl ein Tor mitten in der freien Landschaft? Denn die Stadt Bremen mit ihren Wällen und Toren war ja noch'n Kilometer weit weg. Tatsächlich aber hat da wohl ein Steinturm gestanden, een Steentorn. Und mundfaul, wie die Bremer sind, haben sie beim Torn das N weggelassen, und so ist'n Tor daraus geworden.
Es ist ja oft so in der Welt, daß die kleinen Schludrigkeiten die Zeiten überdauern.
Wenn man der Straße Am Steintor bis zu ihrem Ende folgt, kommt man ans Schwarze Meer, das schon zum Hulsberg gehört und seinen Namen vermutlich von einem Gasthaus „Tor swarten märe" (Zur schwarzen Mähre) hat. Es kann aber auch sein, daß nicht weit davon ein Sumpfgebiet gewesen ist, ein schwarzes Wasser oder Meer.
Eine Seitenstraße vom Schwarzen Meer trägt den Namen Sorgenfrei, und in Bremen sangen sie: „An'n Swarten Meer, / Dar geiht dat lustig her. / In'n Sorgenfrei, / Dor haut se sick de Knaken 'twei."

Im Steintor

Warum die Bremer zum Sechs-Tage-Rennen gehen

Typisch bremisch ist das Bremer Sechs-Tage-Rennen eigentlich nicht, und als es am 7. Januar 1965 zum ersten Male eröffnet wurde, in der neuen Bremer Stadthalle, da hielten das traditionsbewußte Bremer zumindest doch für etwas gediegen. Denn „Freimaak war dscha man eben erst vorbei". Und außerdem war doch Kohl- und Pinkel-Zeit. Was brauchte man da ein Sechs-Tage-Rennen.

Aber das hat sich inzwischen geändert. Das Sechs-Tage-Rennen ist zu einer Institution geworden und selbst der dem Traditionellen doch sehr verhaftete Dr. Werner Kloos bezeichnet es in seinem Bremer Lexikon als ein Volksfest.

Was aber die Bremer nicht daran hindert, wenigstens intern darauf hinzuweisen, daß sie „eigentlich überhaupt nix davon halten", daß sie aber andererseits mit Rücksicht auf auswärtige Geschäftsfreunde richtiggehend gezwungen seien, alljährlich bei diesem Spektakel dabei zu sein.

Auswärtige Geschäftsleute können ihren Bremer Geschäftsfreunden keinen größeren Gefallen tun, als wenn sie sich einen Besuch des Bremer Sechs-Tage-Rennens wünschen.

OPEL

Wenn die Bremer ein bißchen ihre Kontenance verlieren

Ischa Freimaak!" rufen die Bremer alljährlich in der zweiten Oktoberhälfte und – verlieren für etwa zwei Wochen ihre sonst geradezu sprichwörtliche Kontenance, indem sie sich zum Beispiel in einem Bierzelt zu wildfremden Leuten an den Tisch setzen.
Den Bremer Freimarkt gibt es seit dem Jahre 1035 – natürlich hat er

sich seitdem verändert. Aus einer Warenmesse, einem Markt, wurde ein Volksfest. Und zwar eines der größten in Deutschland, wie es ja auch zu den ältesten gehört. „Ischa Freimaak!" (was übersetzt heißt: Es ist ja Freimarkt) wird in Bremen nicht nur als fröhlicher Ausruf verstanden und benutzt, sondern auch als Entschuldigung für jeden Blödsinn.

Ob es sich um eine Differenz in der Portokasse, um eine mangelhafte Mathematikarbeit, um mißlungene Bratkartoffeln oder um einen – selbstverständlich versehentlichen – Ausrutscher auf außerehelichem Parkett handelt. Mit „Ischa Freimaak" läßt sich alles erklären und entschuldigen.

Über Kohl und Pinkel geht in Bremen nichts

Als vor einigen Jahren ein weltweit bekanntes Magazin in etwas süffisantem Tone von der Kohl- und Pinkel-Stadt Bremen sprach, da sahen die Bremer darin keine gezielte Bosheit, was es zweifellos hatte sein sollen, sondern sie nahmen es als anerkennendes Zungenschnalzen.

Denn über Kohl und Pinkel geht in Bremen nichts. Und selbst solche Bremer, die durch einen Irrtum der Natur nicht mit einer schier unbezwingbaren Neigung zu Kohl und Pinkel ausgestattet sind, ja, ihn eigentlich gar nicht mögen, lassen sich nicht damit durch: Kohl und Pinkel gehört mehrmals im Winter auf den Tisch.

Die Kohl-und-Pinkel-Saison beginnt am Buß- und Bettag. Sie endet ungefähr mit dem Monat Februar. Es handelt sich um Grünkohl, den die Bremer aus Anhänglichkeit zu einer kaum noch vorhandenen verwandten Kohlsorte Braunkohl nennen, und Pinkel,

das eine Art Grützwurst ist, bestehend unter anderem aus Speck, Zwiebeln und Hafergrütze, alles in den Pinkeldarm des Rindes gestopft, und dazu kommen nun noch einige Zutaten wie Bauchspeck, Kasseler Rippspeer, Kochwurst und Kartoffeln. Zu den Höhepunkten des Jahres aber gehören für die Bremer die sogenannten Kohl-und-Pinkel-Fahrten von Vereinen, Freunden, Firmenbelegschaften und Familienverbänden. Bei diesen Kohl-und-Pinkel-Fahrten geht es nicht nur um das Vergnügen des Essens und – selbstverständlich – des Trinkens. Es geht auch darum, wer die größten Mengen Kohl und Pinkel in sich hineinstopfen kann. Der Sieger wird mit einem sogenannten Freßorden dekoriert, der meistens aus dem Unterkiefer eines Schweines besteht. Getrunken wird zu Kohl und Pinkel im allgemeinen Bier. Es darf aber auch ein schwerer Rotwein sein. Am besten eignet sich – aus Bremer Sicht – ein Bordeaux.

Vom Kalvinismus, dem Elend dieser Welt und der Liebe zur Hausmusik

Kalvinistische Sittenstrenge, die ja auch in Bremen ihre Spuren hinterlassen hat, gestattet es dem Menschen zwar, vom Elend dieser Welt mit allem Abscheu Kenntnis zu nehmen, jeder Art des Glücks und der Lebensfreude aber zu mißtrauen. Und ganz unmöglich ist es, irgendwelche Gefühle zu zeigen.

Nun gehört dazu eigentlich auch das Musizieren oder das Singen; denn ohne Mitwirkung des Gefühls läßt sich auf diesem Gebiete der Kunst wenig Erquickendes ausrichten, was an sich schon wieder im Sinne des Kalvinismus wäre. Aber er möchte, daß möglichst gar nicht musiziert und gesungen wird. Erst recht nicht in der Öffentlichkeit.

Und eben das mag ein Grund dafür sein, daß in Bremen die Hausmusik zu allen Zeiten in hoher Blüte gestanden hat.

Die Hausmusik hat in Bremen eine ganz lange Tradition. Und sie wurde nicht nur von zumeist unbegabten höheren Töchtern ausgeübt, die – wie man in alten Romanen lesen kann – vorzugsweise Chopin spielten. An der Hausmusik beteiligten sich alle Familienmitglieder, so daß es manchmal nicht ganz leicht war, auch ein paar Leute als Publikum zu finden. Immerhin, wir müssen das in aller Bescheidenheit sagen, hatten die Bremer Hauskonzerte einen so guten Ruf, daß Richard Wagner mehrere seiner Werke in Bremer Privathäusern erstmals einer interessierten Öffentlichkeit vorstellte. So wurde am 14. Dezember 1852 die Ouvertüre zum Tannhäuser in einem Privatkonzert aufgeführt. Lohengrin und auch die Meistersinger sind in Bremen sozusagen aus der Taufe gehoben worden, ehe sie den Weg auf die Bühne fanden.

Arbeitsessen vor der großen Fahrt

Anfang Februar fingen die Seeleute an, sich für die große Fahrt zu rüsten. Der Winter ging zu Ende und damit die Zeit an Land.

In Bremen trafen sich dann die Schiffer und die Kaufleute zu einen Brudermahl – Arbeitsessen würden wir heute dazu sagen. Und da wurde dann bei Kohl und Pinkel, Stockfisch und Bier die allgemeine Lage erörtert, und die Seeleute hatten noch mal „die Schangs", ihre persönlichen Angelegenheiten zu regeln und ihre Familien den Daheimbleibenden ans Herz zu legen. Man darf ja nicht vergessen, daß noch im ausgehenden Mittelalter nahezu jeder zweite Seemann auf See blieb.

Drei Kaufmannsschaffer sind alljährlich für die Schaffermahlzeit zuständig – sie müssen alles bezahlen. Jedem kaufmännischen Schaffer stehen zwei Kapitänsschaffer zur Seite.

Wer in Bremen geschafft hat, der gilt was. Und das Haus Seefahrt ist eine angesehene Institution – übrigens: eine der ältesten noch bestehenden sozialen Einrichtungen Deutschlands. Das Haus Seefahrt betreut – wie zu alten Zeiten – Witwen und Waisen von Kapitänen und Kapitäne, die nach langer Fahrenszeit für immer an Land vor Anker gegangen sind.

Aus diesem Brauch hat sich die Schaffermahlzeit des Hauses Seefahrt entwickelt. Es gibt sie seit dem Jahre 1545 – und sie ist in all den Jahrhunderten nur wenig verändert worden.

Die Schaffermahlzeit läuft nach einem strengen Protokoll ab. Bei den Kaufleuten und den geladenen Gästen ist der Frack, bei den Kapitänen ist die Uniform vorgeschrieben. Gast der Schaffermahlzeit kann man nur einmal im Leben sein. Bremer dürfen nur dann eingeladen werden, wenn sie als Kapitän dem Hause Seefahrt angehören oder schon mal geschafft, das heißt, das Essen mit ausgerichtet haben.

Die Wettleidenschaft der Bremer hat etwas mit ihrer Hinwendung zum Angelsächsischen zu tun, die ja gewissen verwandtschaftlichen Bindungen entspringt. Historisch unbestätigten Meldungen zufolge sollen die im 5. Jahrhundert nach England ausgewanderten Sachsen aus der Bremer Gegend gewesen sein – womit sich bis auf den heutigen Tag manches erklärt. Auch gewisse Eigenheiten der Bremer Küche.

Wenn der Schneider mit dem Bügeleisen . . .

Aus der Wettleidenschaft heraus ist aber die Bremer Eiswette entstanden. Ein Kreis bremischer Kaufleute begann im Jahre 1829 damit, eine Wette abzuschließen darüber, ob die Weser am 6. Januar „zu" oder „offen" sei. Das heißt, ob der Zugang zur See offen sei oder nicht. Die Verlierer der Wette hatten – so wollten es die Statuten – ein Essen auszurichten. Und zwar, wie es sich in Bremen gehört, ein Kohl-und-Pinkel-Essen. Diese Wette ist danach in jedem Jahr wiederholt worden. Und auch heute noch wird gewettet, obwohl inzwischen – nach der Korrektion der Weser – kaum noch damit zu rechnen ist, daß die Weser derart zufriert, daß sie von einem 99 Pfund schweren Schneider mit einem heißen Bügeleisen in der Hand trockenen Fußes überquert werden kann. Die Wette hat heute noch symbolischen Charakter. Wichtig ist das am Sonnabend nach dem 6. Januar stattfindende Eiswettessen, bei dem es – wie einst – Kohl und Pinkel gibt. Die Bremer Eiswettfreunde pflegen zu diesem Essen alljährlich für Bremen wichtige Geschäftsfreunde einzuladen. Eine während des Essens vorgenommene Spendensammlung kommt der Deutschen Gesellschaft zur Rettung Schiffbrüchiger zu Gute.

Was'n in Bremen so macht . . .

Was machst denn so?" pflegen Bremer einander zu fragen, wenn sie von ihrem Gesprächspartner eine Auskunft über dessen berufliche Tätigkeit wünschen. Und dann heißt es: „Ich mach in Baumwolle." Und nach dieser erschöpfenden Auskunft ist der andere durchaus zufrieden, weil damit alles gesagt ist – jedenfalls für einen Bremer.

Bremen, müssen Sie wissen, ist führender Baumwollhafen. Und wenn Sie nun erfahren wollen, worin Bremen außerdem führend ist, dann läßt sich 'ne ganz lange Liste aufzählen: Kaffee, Tabak, Bier, Rotwein, Fisch, Holz . . .

In Bremen werden Schiffe gebaut, Flugzeuge und Raketen oder jedenfalls Teile davon. Bremen ist 'ne Stadt der Elektronik und der guten Schokolade. Und vergessen Sie mal die Autos nicht, die in Bremen gebaut werden – und das nicht erst seit gestern.

Auf welch' lange Tradition manche Branchen – wie etwa die Automobilindustrie – zurückblicken können, zeigt ein Spruch aus dem Ersten Weltkrieg:

Wen der Krieg gereut,
Der geht zu Hansa-Lloyd.
Willst du vom Krieg nichts merken,
Geh zu den Atlas-Werken.

Und schon vor dem Ersten Weltkrieg spottete man in Bremen und Bremerhaven:

Wer die Arbeit scheut,
Der geht zum Lloyd.

Damit war der Norddeutsche Lloyd gemeint, der so etwas wie eine bremische „Staats"-Reederei war. Wer beim Lloyd arbeitete, der galt was. Und die Angestellten „auf'm Kontor" wurden als Lloyd-Beamte bezeichnet.

Was wäre Bremen ohne die Weser?

Wenn die Bremer in früheren Zeiten so'n richtigen Durst hatten, was ja nicht gerade 'ne Seltenheit war, dann sagten sie: „Ick könn' woll de Werser utsupen!" Aber sie taten das dann doch lieber nicht; denn was, um Gotteswillen, wäre Bremen ohne die Weser? Nix.

Andererseits brauchte man die Weser auch als natürliche Grenze zwischen der Altstadt und der Neustadt.
Als in der Zeit nach 1945 ein in der Bremer Altstadt ansässiger Kaufmann Besuch von einem Geschäftsfreund aus Hannover bekam, nahm der von den Zerstörungen rundum kaum Notiz, die hatte er in Hannover ja auch, schlug aber angesichts der kaputten Weser-

brücken die Hände über den Kopf zusammen und rief: „Was machen Sie denn nun bloß? Die Stadt ist ja richtig auseinandergerissen!"
Darauf antwortete der Bremer: „Ach lieber Herr, das mit den Brükken ist gaanich so schlimm. Wir geh'n da sowieso nich rüber."
Die Neustädter rächten sich für die „hochnäsige Behandlung" durch die Altstädter auf ihre Weise und entwickelten eine kämpferische Haltung. „Wahr di vor Didi, vor Jan un vor Fidi! Wahr di vor'n Neestädter!" riefen die Neustädter Jungs, und ihre Väter nickten mit dem Kopf: „Wat'n ornlichen Neestädter is, de lett sick nicks gefall'n – un schon gaa nix von so'n feinen Pinkel ut de Altstadt."
Auf einer Insel in der Weser zwischen Altstadt und Neustadt gibt es eine Straße, die den Namen Herrlichkeit trägt. Und nun müssen Sie sich mal vorstellen, was sich die sonst so prüden Bremer dazu haben einfallen lassen – man mag's ja eigentlich gar nicht schreiben:
„Wat hebbt Bremen un en Froensmisch öbereen?" fragen sie und geben auch gleich die Antwort: „Se hefft beide de Herrlichkeit in'r Midden."
Vergessen Sie das mal gleich wieder.

Eine Hafenrundfahrt mit dem Kaiser

Im Jahre 1888 wurde der heutige Europahafen feierlich eröffnet. Die Weser – ziemlich versandet und von großen Schiffen nach Bremen hin nicht mehr befahrbar –

STILL
STILL
P-SSST
STILL
STILL
03

mando über den Dampfer, kam aber, als das Schiff vor dem neuen Hafen wenden sollte, mit dem an Bord üblichen Ton nicht zurecht. Jedenfalls wollte das Manöver nicht klappen. Bis schließlich Käptn Meyerdierks, der neben dem Kaiser auf der Brücke stand, die Geduld verlor und das Kommando mit den Worten an die Maschine an sich riß: „Dammi noch mal, rum mit'n Mors!" Da ging es

mittenmal ganz leicht. Und der Kaiser hat dem tüchtigen Kapitän am Ende der Reise sogar einen Orden verliehen.
Die Geschichte hat aber noch'n schönen Schluß, und den haben wir bei Anton Kippenberg gefunden. Danach nämlich kam der Kaiser 'n paar Jahre danach wieder mal nach Bremen und traf – wie es der Zufall wollte – mit Käptn Meyerdierks zusammen. Die beiden begrüßten einander wie alte Bekannte, und der Kaiser fragte – nach einem kritischen Blick auf die Uniformjacke des Kapitäns: „Warum haben Sie denn den Orden nicht angesteckt, den ich Ihnen verliehen habe?"
Käptn Meyerdierks zeigte sich der Situation gewachsen. „Och, Herr Kaiser", sagte er, „so'n Orden is doch bloot wat för ganz besonnere Gelegenheiten."
Wir sollten an dieser Stelle aber nicht nur Anekdotisches erzählen, sondern auch ein bißchen in der Hafengeschichte kramen.
Sie müssen wissen, daß sich der vermutlich erste Bremer Hafen dort befunden hat, wo das Schnoorviertel steht. Der Straßenname Hinter der Balge erinnert daran; denn eine Balge ist zwar

Grog

nach unserem Sprachgebrauch eine Wasch- oder Badewanne, ein Zuber oder Kübel. Eine Balge kann aber auch ein Wasserlauf sein. Nachfolger der Balge wurde die Schlachte. Das ist der plattdeutsche Ausdruck für eine Uferbefestigung, bestehend aus Holzpfählen und Flechtwerk.
Die Schlachte hat es bereits um 1250 gegeben. Und sie blieb der bremische Hafen bis zum Ende des 18. Jahrhunderts. Damals allerdings gab es schon den Hafen von Vegesack.

BREMEN BAY
500 Gr.
NORDLAND
NORDLAND
BREMEN

Zugegeben, es gibt in Deutschland größere Flughäfen. Es gibt auch Flughäfen mit höheren An- und Abflugzahlen und mit einem stärkeren Passagieraufkommen. Aber es gibt in ganz Deutschland keinen internationalen Flughafen, der gemütlicher ist als der in Bremen.
Es soll nicht verschwiegen werden, daß das ein bißchen eben damit zusammenhängt, daß es bedeutendere Flughäfen gibt. Für die Bremer aber ist es ein Trost zu wissen, daß nur wenige Flughäfen in Deutschland eine so schwergewichtige Tradition haben wie der ihre.
Schon lange vor dem Ersten Weltkrieg trafen sich auf dem Neuenlander Feld, wo sich heute der Flughafen befindet, Flugzeugpioniere wie Wilhelm und Henrich Focke, Walter Schudeisky und Georg Wulf. Damals befand sich dort ein Exerzierplatz, und die Erinnerung lebt fort, wie sich die Herren des kaiserlichen Heeres über die absonderlichen Kisten amüsierten. „Det Ding soll fliegen? Na, meinetwegen!"
In den Jahren 1920 bis 1922 wurde der erste Flughafen auf dem Exerzierplatz angelegt. Eine erste große Flugzeughalle wurde 1926 eingeweiht. Um diese Zeit warnte das Hamburger Fremdenblatt seine Leser an der Elbe, sich von den Bremern in der Luftfahrt nicht austricksen zu lassen. Ironie der Geschichte: Einer der großen Förderer der Luftfahrt war der Norddeutsche Lloyd, dessen Passagierschiffe zu den bedeutendsten der Welt gehörten. Die Passagierschifffahrt wurde eines der ersten Opfer der Fliegerei.

Der Flughafen, klein aber historisch

Eine Dame aus Oberneuland lernte auf einer Gesellschaft einen jungen Doktor kennen, und sie fragte ihn natürlich: „Wo wohnen Sie denn, Herr Doktor?" Und der junge Doktor antwortete völlig unbefangen, denn er kam aus dem Westfälischen: „In der Neustadt." Daraufhin musterte ihn die Dame von oben bis unten und fragte: „Wie kann das denn angeh'n?" Der Doktor antwortete: „Och, dort wohnen ja meine Patienten." Die Dame war fassungslos: „Gott", sagte sie, „dascha'n furchtbares Pech is dascha."

Nein, in der Neustadt kann man nicht wohnen – behaupten die Altstädter. Die Neustädter sind da zu Recht ganz anderer Meinung. Und es hat sogar eine Zeit gegeben, da hieß es in Bremen nicht ohne neidvollen Unterton: „De Neestadt is usen Rat sin Schootkind."

Das hatte allerdings seine Gründe. Die Neustadt verdankt ihre Entstehung der an sich betrüblichen Tatsache, daß die Menschen immer erfindungsreicher wurden, wenn es um ihr Kriegswerkzeug ging. Im 16. Jahrhundert bereits waren die Feuerwaffen so leistungsfähig, daß die Weser als Schutz für die Stadt nicht mehr ausreichte. Es wurden auf dem linken Weserufer sieben Bastionen angelegt. Das Gebiet innerhalb der Neustadt-Wallanlagen wurde schachbrettartig aufgeteilt. Und dort entstanden zunächst die Lustgärten der wohlhabenden Bremer, die ja zumeist auch im Rat was zu sagen hatten. Besiedelt wurde die Neustadt nur zögernd, und ihre Bewohner waren Bremer zweiter Klasse. Sie wurden erst 1848 den Altstädtern gleichgestellt. Damals allerdings und auch später noch hatte man in der Neustadt nicht ohne Grund zu klagen: „De Neestadt is usen Rat sin Steefkind."

De Neestadt – usen Rat sin Schootkind

687

Manchmal ist dem Bremer umzu zu um

Die deutsche Sprache erlaubt ein „um zu" lediglich als Infinitivkonjunktion (er kommt, um uns zu helfen), als geographischen Begriff gibt es „umzu" nicht. Bloß in Bremen.
„Ich geh' da umzu", sagt der Bremer und meint eine Pfütze, in die er lieber nicht hineintreten möchte. Und alles das, was nicht bremisches Gebiet ist, wohl aber um Bremen herumliegt, das ist „umzu". Bremen und umzu – heißt es und damit ist die ganze Region gemeint.
So gesehen macht man von Bremen aus sonntags nachmittags einen Ausflug nach „umzu".
Von Blockdiek aus, wo sich die Bremer ihr „Manhattan" gebaut haben, geht's hinein in die Wiesen. Es geht nach Syke und Bruchhausen-Vilsen, wo schon die Fürstin von Ostfriesland Ende des 17. Jahrhunderts den Brunnen trank und dabei unglücklicherweise in den Armen ihrer Kammerzofe mit dem Tode abgegangen ist. Es geht in die Heide und an die See.
Aber manchmal denkt der Bremer sonntags nachmittags auch an die lästige Autofahrerei, an die Warterei im Kaffeegarten, weil der Ober nicht kommt, und an all die Unbequemlichkeiten, die ein Ausflug so mit sich bringt. Und er sagt zu seiner Familie: „Laß uns man zu Hause bleiben. Diese Fahrerei is mir zu um." Was in diesem Fall das Gegenteil von umzu ist. Aber das ist nicht grundsätzlich so. Hier gilt es in besonderem Maße, auf die Feinheiten der bremischen Sprache und auf die Vielfalt ihrer Ausdrucksmöglichkeiten zu achten.
Manche Leute lernen ein ganzes Leben daran und sterben am Ende noch darüber hinweg.

Worpswede oder: Künstler sind auch Menschen

Künstler", sagte Jan Dreyer aus Worpswede, schob sich ein großes Stück Buchweizenpfannkuchen in den Mund und kaute erst einmal bedächtig, um danach fortzufahren: „Künstler sind auch Menschen."

Diese Erkenntnis, die ihm in dem seiner Ansicht nach manchmal doch recht anstrengenden Zusammenleben mit den Künstlern in Worpswede erhebliche Erleichterung verschaffte, diese Erkenntnis war ihm nach einem einschneidenden Erlebnis mit der Musik gekommen.

Denn Jan Dreyers Kleinknecht, oh Gott, nee, der stotterte so erbärmlich, daß kaum was aus ihm herauszuholen war.

Eines Tages nun kam er in höchster Erregung in die Küche gelaufen, wo Jan Dreyer und Mudder Dreyer beim Abendessen saßen, und – zitterte wie doll mit'm Unterkiefer, wobei in seinen Augen das blanke Entsetzen geschrieben stand.

Jan Dreyer, Gräßliches ahnend, guckte den Jungen zunächst aufmunternd an und rief ihm schließlich zu: „Dschung, nun sing, wat du to seggen hest!"

Daraufhin stellte sich der Kleinknecht in Positur und sang – nicht ohne Begabung und nach der Melodie „Aus der Jugendzeit": „Die Scheune brennt . . .!"

Fischerhude und die alten Zeiten

Die abgeschiedene Lage des kleinen Künstlerdorfes Fischerhude hat sich allezeit zu Nutz und Frommen der Fischerhuder ausgewirkt. Und zwar als Schutz vor ungebetenen Gästen.

Die Ritter, die auf der Burg von Fischerhude saßen, die ein Vorwerk der Burg von Ottersberg war, brauchten nicht gar so oft zu den

Waffen zu greifen; denn die feindlichen Heerscharen zogen weit an Fischerhude vorüber.
Sogar im Dreißigjährigen Krieg, als auch der abgelegenste Hof vor beutegierigen Mordbrennern nicht sicher war, blieb Fischerhude verschont. Ein Trupp Landsknechte, der dem Ort einen Besuch abstatten wollte, mußte seine Hoffnung auf gute Beute vor der hochgezogenen Zugbrücke von Fischerhude begraben. Und weil überdies die Bauern des Ortes den Gesellen drohten, ihnen mit Sensen, Hellebarden und Äxten kräftig das Fell zu gerben, wenn sie es wagen sollten, den Ort zu betreten, zogen sie lieber davon.
„Manchmal", sagte unlängst ein Fischerhuder und sah sehr nachdenklich aus, „manchmal an Sonntagen – wünschte ich mir die alten Zeiten zurück".

G 9383

GROHN

MUDDER TJETJEN
NEWCHURCH
Kohl oder Pinkel
MEIN AUTO FÄHRT AUCH OHNE WALD
Lieber Di als die
ESENSBAMM

Was Bremen-Nord mit dem Feingefühl der Bremer und Kapitän Losekanne mit Matjes zu tun haben

Nur weniger feinfühlige Bremer sprechen in Gegenwart eines Mitbürgers aus Bremen-Nord von Bremen-Nord.
Dieser in einer Amtsstube konstruierte Begriff ist von den im Norden Bremens lebenden Menschen niemals akzeptiert worden. Sie fühlen sich allerdings auch nicht unbedingt als Bremer. Bremen ist für sie ein Oberbegriff. Im übrigen sind sie Vegesacker, Blumenthaler, Schönebecker, Lesumer, Farger – und das allerdings sind sie mit leidenschaftlicher Heimattreue.
Besonders ausgeprägt scheint dieses „Nationalbewußtsein" in Vegesack zu sein, in „Fegebüddel", wie die Bremer gern sagen.
Vegesack, so verlautet aus historisch etwas diesigen Zeiten, sei ursprünglich ein Gasthaus gewesen, in dem den Seeleuten der Hosensack leergefegt worden sei. Historisch eindeutig belegbar ist die Tatsache, daß die Bremer in Vegesack den ersten künstlichen Hafen Deutschlands gebaut haben. Das war um 1620.
Damals schon standen die Bremer wegen der Versandung der Weser vor der Notwendigkeit, weserabwärts einen schiffbaren Hafen anzulegen. Und der Vegesacker Hafen hat ihnen – nimmt man alles in allem – Glück gebracht.

KORN

JUCUNDA

Vegesacker
MATJES

Von Vegesack aus haben die bremischen Walfänger operiert und viel Geld verdient, bis die Tranfunzel von der Petroleumlampe abgelöst wurde. Mitte des vorigen Jahrhunderts war es endgültig aus mit der Walfängerei.

Aber ein anderer Fisch hat dann dafür gesorgt, daß Vegesack weithin bekannt wurde: der jungfräuliche Hering, der – auf See gekehlt und gesalzen – als Matjes ein Favorit der Feinschmecker ist. Käpt'n Losekanne, der jahrelang auf einem Vegesacker Matjeslogger fuhr, ist mal von einem Binnenländer gefragt worden – da saß er auffer Bank am Weserufer in Vegesack: „Wenn Sie der Kapitän von so einem Matjesschiff sind, dann müssen Sie doch auch wissen, woher der Matjes seinen Namen hat."

Kapitän Losekanne sah den Binnenländer einen Augenblick tiefsinnig an und meinte dann: „Ob ich das wohl weiß! Das ist nämlich so, die Heringe, die sprechen ja alle englisch, wie das auf See so üblich ist. Und wenn wir die mit unseren Schiffen jagen, dann hau'n die ab. Wir aber immer achteran und mittenmal könn' die nich mehr. Und dann rufen wir mit der Flüstertüte: ‚Na, seid ihr nu matt?' Und dann antworten die Heringe: ‚Yes!' Und so haben die ihren Namen gekriegt."

3:1

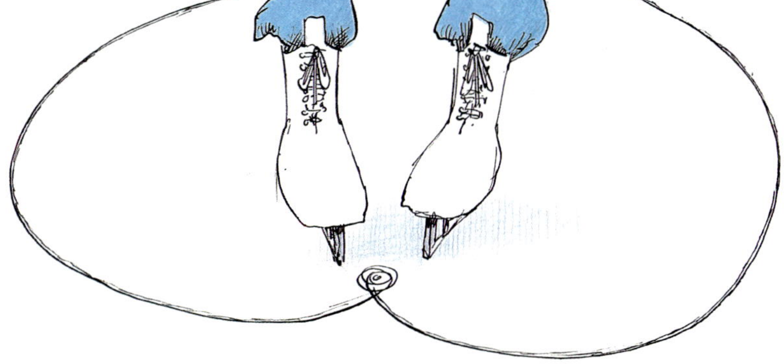

Eislaufen ischa immer wieder'n Erlebnis!

Bremen ist die einzige Stadt in Deutschland, in der es einen Verein gibt, der sich die Pflege des Tourenlaufens auf Schlittschuhen zur Aufgabe gemacht hat. Es handelt sich um den Bremer Eisverein. Und dazu muß man sagen, daß Bremen auf eine lange Tradition als Stadt der Eisläufer zurückblikken kann.
Schon im Jahre 1822 meldete der Chronist Adam Storck, daß „für Schlittschuhlaufen und Schlittenfahrten die mannigfaltig wechselndsten Gelegenheiten und Vergnügungsörter sich darbieten und benutzt werden", wenngleich sich damals auch nur die männliche Jugend derartige Vergnügungen leisten konnte. Die Damen waren davon ausgeschlossen.
Das änderte sich aber schon in der zweiten Hälfte des vorigen Jahrhunderts. Der frühere Bremer Bürgermeister Theodor Spitta erinnert sich, daß er gelegentlich in Begleitung junger Mädchen übers Eis glitt, während deren Mütter allerdings am Ufer spazieren gingen, um die Sache im Auge zu behalten.
Das hat sich aber ja nun alles grundlegend gewandelt – auch in Bremen. Und es ist nicht nur die Jugend, die sich an frostigen Wintertagen auf der Semkenfahrt, im Blockland oder auf der Hamme tummelt. „Ischa immer wieder'n Erlebnis", pflegt Hein Teerkorn seinen Freunden zu versichern, und dann kriegt er dazu'n ganz verklärten Blick, und er sagt: „Besonners der Grog in Neu-Helgoland."

BAYERN
ÖL

Strandlust
Kräusen
Pils

Wenn die Bremer Seeluft schnuppern wollen

Wenn die Bremer Seeluft schnuppern wollen, dann fahren sie – nach Bremerhaven. Aber heimlich; denn im Grunde genommen fährt ein Bremer nur im äußersten Notfall nach Bremerhaven, weil . . .
Also, dazu gibt es eine Geschichte, die auf einem Empfang im damals noch existierenden amerikanischen Generalkonsulat in der Marcusallee passiert ist.
Da wurde ein in respektablen Amt und Würden befindlicher Herr von einer Dame der feinen Bremer Gesellschaft gefragt: „Na, Herr X., wo sind Sie denn her?" Und der antwortete: „Gnädige Frau, das mag ich Ihnen gar nicht sagen. Ich bin – aus Sachsen."
„Och", sagte da die Dame der Gesellschaft, „das ist gaa nich so schlimm. Viel schlimmer wäre es, wenn Sie aus Bremerhaven kämen."
Eine gewisse Reserviertheit der Bremer gegenüber den Bremerhavenern, die übrigens von den Bremerhavenern herzlich erwidert wird, rührt wohl noch aus der Zeit des ersten Hafenbaus an der Wesermündung im Jahre 1827.

TEITÄNICK

Damals wurde Bremerhaven zu einem Sammelbecken von Menschen aus ganz Mitteleuropa, die – zumeist bettelarm – an der Küste eine Existenz suchten. Und den an sich weltoffenen Bremern war eine solche Massierung fremdländischer Menschen, dazu auf bremischem Territorium, doch'n büschen unheimlich.
Hinzu kam, daß die meisten Bremer von der Notwendigkeit eines Hafens so weit von Bremen weg keineswegs überzeugt waren und sich ernsthaft die Frage stellten: „Was hat sich unser Bürgermeister Smidt wohl dabei gedacht?"
Nun, was er sich dabei gedacht hatte, das stellte sich schon sehr bald heraus, als Bremen nämlich ohne Bremerhaven gar nicht mehr existenzfähig war. Aber die gewisse Reserviertheit ist geblieben.

*

Das war noch vor dem Ersten Weltkrieg, wenn sich da die Seeleute während des Landgangs in der Bürger ausreichend umgesehen und alle Lokale inspiziert und danach die heißen Klippen der Fährstraße hinter sich gebracht hatten, landeten sie meistens in Geestemünde bei Mudder Hasseln oder im Varieté Peickert. Das war so eine Art Varietéschule, und die Mädchen wirkten manchmal noch recht ungelenk. Aber hübsch waren sie alle, und meistens wurden sie denn auch bald von einem Fischdampferkapitän geheiratet.
Und damit hatten sie ausgesorgt:
Ich laß mich nicht verführen,
Dazu bin ich zu schlau;
Ich kenn' die Manieren
Von euch Männern zu genau.
Es hat sich also, wie man unschwer feststellen kann, im Umgang der Geschlechter miteinander nicht viel verändert. Die Problematik ist

3
18
3a
3
1891978
12
11
9
10
8
Bauplan

geblieben. Und auch Bremerhaven hat sich einiges von dem Flitterglanz ferner Tage erhalten, wenn auch die Bürger durch äußere Umstände zu einer absolut anständigen Straße geworden und die Fährstraße nur noch ein Schatten ihrer selbst ist.

Das vergnügliche Leben Hein Mücks hat sich etwas verlagert und findet heutzutage vor allem in Lehe statt – und zwar in einstmals

FÜR DIE
BACKSTUBE
prima
Fischmehl

hochanständigen Bürgerstraßen, was ein grelles Licht auf die Veränderlichkeit der Welt wirft.

*

Die große Zeit der Passagierschifffahrt ist ja vorbei – auch in Bremerhaven, wo man sich heute noch sehr deutlich an die „Bremen" erinnert, an die „Europa" und an die „Columbus", die vor dem Zweiten Weltkrieg regelmäßig an der Columbuskaje festmachten. Dschunge, wat wer'n dat für Tiden!
Aber – das Maritime kriegst trotz aller Veränderungen nicht raus aus Bremerhaven. Nirgendwo im Lande Bremen ist die See so nah, und die schönste Promenade im ganzen Land ist die auf dem Weserdeich von Bremerhaven. Und eben dort konzentrieren sich auch die wichtigsten Sehenswürdigkeiten der Stadt, wie Perlen an der Kette – vom alten Geestevorhafen mit der Mole über das Deutsche Schiffahrtsmuseum und den Zoo am Meer bis zur Kaiserschleuse, die in die Häfen der Stadt führt.
Aber vergessen wir den Fischereihafen nicht, der eine der Säulen des Wirtschaftslebens von Bremerhaven ist und bei Südwestwind alle Düfte der See in den Stadtteil Geestemünde schickt und auch vor den geöffneten Fenstern der Villen im Bürgerparkviertel nicht Halt macht.
„Daß du das aushalten kannst, Mutter", wunderte sich sich eine junge Dame, die zwar in Geestemünde aufgewachsen, jedoch seit Jahren im Hannoverschen verheiratet war. „Soll ich wohl mal die Fenster schließen."
„Ach nee, laß man Deern", antwortete die Mutter, der solche Empfindlichkeiten völlig fremd waren. „Weiß du, solange es noch stinkt, ha'm se am Fischereihafen auch Arbeit."

Bis zum Leuchtturm Hoheweg ist die See meistens noch glatt

Wir woll'n mal ehrlich sein: Mit dem Verhältnis der Bremer zur Nordsee verhält es sich meist so wie mit dem der Italiener zum Mittelmeer. Ehe die da rein gehen, muß es schon verdammt heiß sein. Und wenn sich ein Bre-

mer auf die Nordsee begibt, dann erwartet er, daß sie still ist.
Aber das kannst eben immer nur hoffen – da kannst nicht mit rechnen. Und so hat sich aus der Summe vieler Helgolandfahrten, mindestens einmal im Jahr, so etwas wie ein Erfahrungsschatz in jedem Bremer angesammelt, von dem nun andere Leute – vorausgesetzt sie lesen dies – profitieren können.
Nämlich, bis zum Leuchtturm Hoheweg ist die See meistens verhält-

EUROPA
WENDELINE
PRIEN

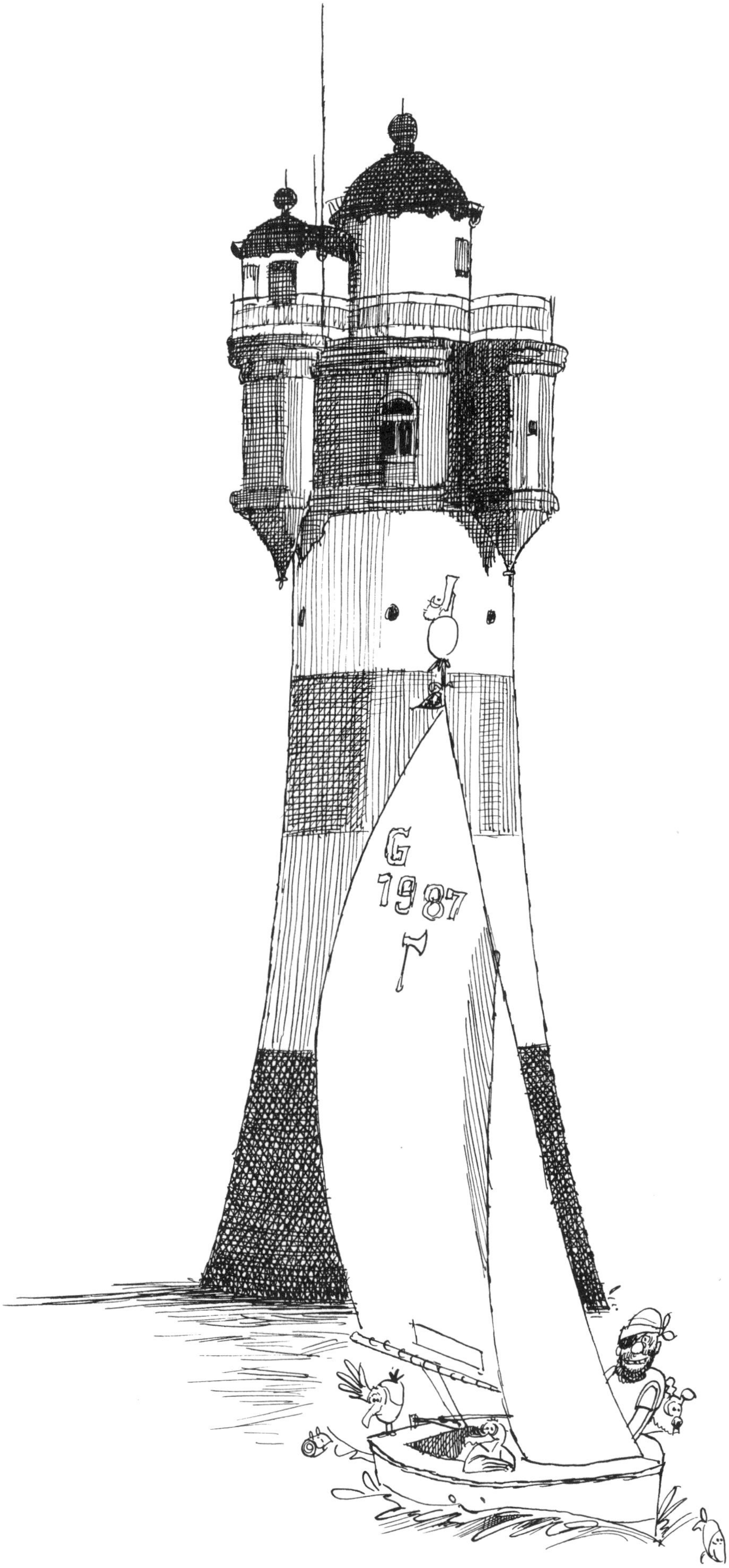

nismäßig glatt, und nur Überempfindliche sollten auch dann schon mal vorsichtshalber an Deck gehen. Und zwar möglichst mittschiffs, weil da die Bewegungen des Schiffes am ruhigsten sind. Ab Hoheweg tauchen dann auf der Oberfläche des Meeres die ersten Katzenköpfe auf, Schaumkronen, die auf eine gewisse Windstärke hindeuten und es jedenfalls ratsam erscheinen lassen, in regelmäßigen Abständen tief durchzuatmen. Spätestens beim Passieren des Leuchtturmes Roter Sand aber wird die Nordsee kabbelig, und dann sollte man sich auch schon mal über die Bedeutung von Luv und Lee informiert haben, weil man sich in Luv möglicherweise in die eigene Tasche spuckt, was sehr unangenehm ist.
Am besten ist es in solchen Situationen, man fragt einen der Seeleute. Antworten die: „Luv is an Backbord", dann tun Sie sich den großen Gefallen und fragen Sie nicht zurück: „Ist Backbord links oder rechts?" Backbord ist Backbord – und wer genau wissen will, wo das ist, der gehe seinem Gefühl nach. Bei sehr schwerer See ist einem dann sowieso alles egal.

Helgoland
von
Seeräubern
geliebt und
gefürchtet